AF310934

Vᵗᵉ EUGÈNE-MELCHIOR DE VOGUÉ

LES
PORTRAITS DU SIÈCLE

Extrait de la REVUE DES DEUX MONDES

LIVRAISON DU 15 MAI 1883

Prix : Un franc

Vendu au profit de la Société Philanthropique

PARIS

CALMANN LÉVY, ÉDITEUR

RUE AUBER 3, ET BOULEVARD DES ITALIENS, 15

A LA LIBRAIRIE NOUVELLE

1883

CALMANN LÉVY, ÉDITEUR

DU MÊME AUTEUR

format grand in-18

HISTOIRES ORIENTALES . . . .   1 vol.

Paris. — Typ. A. QUANTIN, rue Saint-Benoit, 7.

LES
PORTRAITS DU SIÈCLE

PAR

M. le vicomte Eugène-Melchior DE VOGÜÉ

EXTRAIT DE LA *REVUE DES DEUX MONDES*
LIVRAISON DU 15 MAI 1883.

PARIS

CALMANN LÉVY, ÉDITEUR

ANCIENNE MAISON MICHEL LÉVY FRÈRES

3, RUE AUBER, 3

1883

8°Z le Senne 13.227

LES

PORTRAITS DU SIÈCLE

Les personnes qui aiment à s'instruire et qui désireraient lire un bon article de doctrine, bien substantiel, sur les variations de l'école française depuis cent ans, sont prévenues de ne pas me suivre plus loin. Je ne prétends pas faire de la critique d'art en règle ; de plus autorisés étudieront sans doute à ce point de vue l'exposition des Portraits. Mon cas est bien moins prémédité. Le hasard, — qui s'appelait cette fois d'un beau nom, la charité, — a réuni dans un salon quelques-uns des plus marquans parmi les gens de ce siècle ; des 'générations séparées par les années, par les révolutions de la politique et du goût, sont assemblées dans le pêle-mêle d'une fête historique : on y rencontre les belles dames, les princes, les actrices, les écrivains, les généraux, les hommes d'état, les gens de mérites divers qui se sont succédé, de Louis XVI à M. Grévy. Comme tout le monde, je suis entré un jour dans ce salon ; la compagnie qui s'y trouvait m'a séduit ; j'y suis revenu presque chaque matin, aux heures tranquilles et solitaires, écouter l'entretien de ces morts et de ces vivans. J'imagine que, dans la vallée de Josaphat, quelque historien incorrigible, oubliant ses terreurs et ses intérêts personnels, s'attardera sur le rebord de sa tombe pour regarder passer les ressuscités fameux et entendre leur déposition. Celui-là pourra enfin se vanter de connaître la vérité. Nous n'en sommes pas là. MM. les membres du comité de patronage font des miracles de bienfaisance, mais ils ne sont pas l'Éternel ; ils n'ont pu appeler qu'un siècle, et dans ce siècle, des ombres, tout ce qu'il est donné à l'homme d'évoquer : *Tenues sine corpore vitas*. Ce ne sont pas elles qui nous donneront la vérité historique, un fruit que je n'ai encore vu mûrir sous aucun ciel; mais ce qu'elles nous donnent a bien son prix, c'est la Chronique du xix° siècle, illustrée par tous les maîtres de l'art. Des faits, des aperçus connus de tous, banals à force d'être redits, mais entrevus jusqu'alors dans le gris confus des pages d'imprimerie, s'éclairent, vivent, palpitent, quand on les rapporte à des figures présentes, aux voyageurs rencontrés tout le long de la route, durant ces cent ans. C'est la vie nouvelle de la comédie ou du drame, alors qu'ils passent du demi-jour du livre à la lumière et au mouvement de la rampe.

Vous êtes entré, sans doute, à cette fête de charité, donnée à l'École des Beaux-Arts par les grands acteurs du siècle, aidés de quelques comparses. Voulez-vous y revenir un instant? On fait peu de visites aussi profitables que celle-là : elle offre la plus délicate jouissance des yeux et de l'esprit, avec la consolation de soulager quelques misères : les heureux trouvent là de beaux rêves pour leurs nuits de loisir, et procurent une nuit de repos aux malheureux pour qui la journée est un mauvais rêve.

I.

D'abord, quand on entre, on va droit aux grand'mères et l'on s'attarde avec elles. Les voilà, ces bonnes fées, groupées autour de la reine, comme dans un menuet champêtre à Trianon. Gluck est au milieu d'elles, il accompagne le bal ; ses doigts errent sur le clavecin, cherchant pour ces nobles dames des mélodies nobles et touchantes; il leur dit l'invocation d'*Orphée* aux filles du Tartare : « O vous, ombres que j'implore,.. » et elles passent, les ombres colorées par Greuze, Vestier, Danloux, Heinsius, Vigée-Lebrun, peintes dans des gammes claires et simples, dans leur attirail de bergères, leurs fichus de mousseline, leurs écharpes de gaze, leur poudre blonde ou blanche. Ce portrait de la reine, serait-ce par hasard celui qu'on dut retirer du Salon de 1787, parce que la foule irritée insultait l'*Autrichienne*, après l'exil de Necker? Depuis lors, nous avons vu bien des exils et brisé bien des idoles; du moins nous n'insultons plus les femmes, nous contemplons avec une pitié douloureuse les beautés et les bonheurs d'antan, ici dans le portrait d'Heinsius, plus loin et plus tard dans celui de Winterhalter. Auprès de Marie-Antoinette, son amie, la duchesse de Polignac, déchiffre la partition que le vieux musicien vient de composer; elle est debout, sa main droite caresse les touches de l'épinette; son ajustement est très simple, d'une grâce aérienne : cheveux dénoués, voile de gaze, tunique de linon, tous ces tissus transparens bleuis par les ombres qui tombent du chapeau aux larges bords. Elle chante, Mme de Folleville pince les cordes d'une harpe; leurs amies écoutent le concert, distraites par l'harmonie; Mme de Laguiche en a laissé choir ses bleuets, Mme de Jaucourt a quitté son petit livre, quelque conte de Florian, j'imagine, à moins que ce ne soit *Clarisse* ou l'*Héloïse*; la marquise n'a pas d'atours, c'est une statue de neige dans sa robe de percale, cette belle percale blanchie à Saint-Domingue dont raffolait la reine. Blanche aussi Mme de Castellane, sous le grand chapeau de paille anglais que lui a conseillé Gainsborough. Et la plus candide de toutes, Mlle Bazin, deux yeux d'enfant qui brillent dans des boucles folles, derrière un gros bouquet de roses! Pour retrouver les couleurs sérieuses, il faut aller jusqu'à Mme d'Orvilliers, jusqu'à David, à qui revient l'honneur de ce merveilleux portrait. Mme d'Orvilliers est l'aînée de ces jeunes femmes, déjà plus grave et plus posée, vêtue de noir sur son ciel clair, pressentant peut-être la prison où les amis de son peintre vont l'enfermer durant de longs mois ; néanmoins accorte et souriante encore comme ses compagnes.

Tout sourit en elles, la lèvre, le regard et l'attitude, j'allais dire la gorge blanche, qu'elles ne cachent guère. Il semble que ces vieilles aient gardé l'art et le secret du sourire. Dernières filles du xviiie siècle, elles disent en l'achevant : « Nous avons fini notre songe délicieux et léger ; nous avons pris la vie pour ce qu'elle vaut, nous en avons joui sans lui donner plus d'importance qu'elle ne mérite, comme d'une agréable comédie, d'une heure passée en compagnie aimable, égayées par les honnêtes gens et les égayant de notre mieux. Nous avons eu un peu de plaisir et beaucoup d'esprit ; nous ne croyons pas trop à nous-mêmes, pas toujours à Dieu, et pas du tout aux hommes ; d'ailleurs nous sommes sensibles et vertueuses, si vous prenez ces mots au sens indulgent que leur donne le siècle. Nous finissons la fête du vieux temps; nous savons bien qu'il est mort, mais il a été si charmant! Qui n'y a pas vécu n'aura pas connu la douceur de vivre, croyez-en l'évêque d'Autun. Petits enfans, ne nous méprisez pas ; vous serez plus sérieux, plus austères, votre existence sera plus pratique, plus utile peut-être à vous-mêmes et à autrui; mais quand vous vous ferez peindre, vous paraîtrez souverainement ennuyeux, parfois fort laids et de bonne heure très vieux ; nous, notre charme restera toujours jeune, et dans cent ans, c'est devant nous que vous viendrez rêver. Ne nous méprisez pas, petits enfans; si nous avons été folles, nous sommes braves comme des filles sorties de bon sang, et nous l'allons prouver regardez à qui va notre sourire! »

On regarde, en effet, sur l'autre paroi de cette première salle, à quelques pas, en face : les gens à qui sourient ces femmes, ce sont Barère, Saint-Just, Robespierre, les conventionnels de David, ceux qui vont jouer avec ces aimables têtes. En se tenant au simple classement chronologique, les organisateurs de l'exposition ont introduit dans ce salon un drame poignant, qui saisit au vif l'imagination la moins prompte. Les robes des dernières marquises frôlent les habits à revers et les gilets des montagnards. Voyez cette audacieuse Mme de Nauzières, aventurée entre Vestris qui étudie une pose et Mirabeau qui rugit un discours : que fait-elle là, en avant de ses sœurs ? Elle se fait peindre en Turque, toute drapée de blanc, sur un bel escalier de marbre, à l'entrée d'un grand parc aux ombrages paisibles ; elle a consciencieusement essayé un turban bleu, dans la petite étude de Danloux que j'aperçois plus bas ; il ne seyait pas, elle s'est décidée pour le blanc ; à la voir si pimpante, si contente de son travesti, uniquement soucieuse d'assurer l'aigrette de plumes à son turban et de nous montrer ce pied mignon qui descend une marche, on jurerait qu'elle s'apprête pour un divertissement à la cour ; lisez la date du portrait : 1793. Et ces arbres verdoyans vous disent que cela se passe après le 31 mai, au plus rouge de la Terreur, au moment où Saint-Lazare

Ouvre ses cavernes de mort,

comme écrit André Chénier, qui compose d'un air inspiré dans un coin de la salle.

Le portrait de Mme de Nauzières devrait figurer en tête du chapitre où M. Taine nous montre la vie de chaque jour continuant son train, avec ses petites joies et ses humbles soucis, derrière la guillotine, sous le fracas de la tempête politique. Nous avons peine à nous représenter cette continuité des habitudes durant les grandes crises ; dans l'histoire, ce qui occupe fortement le premier plan masque tout le reste ; à distance, notre imagination, maîtrisée par la tragédie qui se joue sur le théâtre, ne nous laisse plus d'yeux pour voir le parterre et la foule placide des spectateurs. Ce monde-là, qui est tout le monde, poursuit la lutte du pain quotidien, vaque à ses affaires et à ses plaisirs ; il danse comme Vestris, se grime comme Potier, se fait peindre en Turque, comme Mme de Nauzières, tout au moins il vit, comme Sieyès ; il oublie tout pour sa passion maîtresse, comme ces deux pêcheurs à la ligne que j'aperçus, le 23 mai 1871, sous les arches du pont de la Concorde. La bataille hurlait dans Paris, le Louvre brûlait, nos généraux venaient d'occuper le Palais-Bourbon, les obus des batteries de Montmartre balayaient encore la place Louis XV; immobiles à leur poste favori, mes deux pêcheurs laissaient passer la Commune, poursuivaient leurs succès, et n'avaient d'angoisses que pour les tressaillemens du fil sollicité par le goujon.

La belle dame si imprudemment fourvoyée jusque dans le camp ennemi nous y a entraînés trop vite; avant d'abandonner le vieux monde à sa chute, rentrons encore dans sa grâce, saluons quelques-uns de ceux qui vont mourir : le roi, flasque et pâle, un spectre déjà, dans l'insignifiant tableau de Duplessis; au-dessous de lui, l'enfant royal, un Louis XVII qui joue avec sa croix de l'ordre, un portrait minuscule, comme si le pauvret espérait échapper aux yeux qui le guettent, là tout près, sur le mur où sont les bourreaux. Le livret de l'exposition attribue cette toile à Fragonard le fils. Ceci m'inquiète. Le livret veut bien ajouter que Fragonard le fils est né en 1780; le peintre aurait été un enfant prodige s'il avait fait le portrait du dauphin. Ce chérubin joufflu serait plutôt du père, Jean-Honoré, que nous voyons tout à côté, peint par lui-même avec la sévérité et la minutie d'un Hollandais; à moins que ce tableautin ne soit un faux Louis XVII, et qu'il n'y ait là un nouvel usurpateur à ajouter sur la longue liste de ceux qui ont dérobé le nom du petit martyr. — Encore un bel enfant, et qui ne périra pas, celui-là, car il est né coiffé : Greuze a bien voulu le peindre au sortir du berceau; en avançant de quelques pas et d'un demi-siècle, nous retrouverons son frère dans le chef-d'œuvre d'Ingres. C'est Édouard Bertin.

Avez-vous jamais rêvé que le ciel vous accordait le don de seconde vue et que vous erriez parmi vos contemporains, en lisant sur leurs fronts comment la fortune ou la fatalité les marque à bref délai pour des destinées diverses? Reculez-vous par la pensée dans la société si vivante qui nous occupe, refaites-vous un des siens; la seconde vue de l'histoire vous donnera le pouvoir effrayant que vous souhaitez. Nous venons de l'éprouver devant ces deux enfans, qui grandissent pour des lendemains si inégaux. Quelle est cette jeune femme blonde et frêle, qui joue languissamment avec des guirlandes de fleurs? Elle sortira de la Terreur la tête sauve, comme par miracle; les envoyés du comité de salut public, qui emmènent toute la famille de Montmorin, la déposeront par pitié sur la route, tant sa faiblesse est grande; elle le regrettera peut-être. C'est Mme de Beaumont, la triste malade de corps et de cœur, que les sèches amours de Chateaubriand ne réchaufferont pas. Comme on comprend déjà, devant ce portrait, ce que Chênedollé disait, qu'elle « avait l'air d'être composée d'élémens qui tendaient à se désunir, à se fuir sans cesse. » Cette femme charmante, qui écrivait à son ami : « Je tousse moins, c'est pour mourir sans bruit, » l'*Hirondelle*, comme elle se nommait en badinant, semble poser à peine sur la terre et battre déjà d'une aile pour la quitter.

Il faut pourtant prendre congé de vous, grand'mères; la nuit vous entraîne comme les dernières étoiles, quand le ciel rougit à l'orient, et le voici qui s'empourpre de sang devant nous, avec l'aube du siècle nouveau. Descendez dans le passé, étoiles pâlies, anciennes amours oubliées.

L'orage fond, la foudre éclate, c'est Mirabeau. Voilà bien, sur cette toile médiocre, entre des auditeurs stupéfaits, la grosse tête laide et puissante, cette tête dont Rivarol disait « qu'elle n'était qu'une grosse éponge toujours gonflée des idées d'autrui. » Le jugement est trop sévère pour le grand tribun, mais le mot est si bien frappé qu'il le faut conserver; un jour peut-être, il reservira pour d'autres. Après Mirabeau, les Girondins, Boissy d'Anglas, Rabaut Saint-Étienne; les têtes passent, rapides et chancelantes, dans la lanterne révolutionnaire; les Montagnards succèdent; l'empire des idées préconçues est si fort qu'on s'attend à voir des monstres, des faces farouches. Rien de tel. Saint-Just est un berger d'idylle; impossible de rêver un éphèbe plus gracieux, plus souriant et plus tendre. Maximilien Robespierre, maigre et noir, sourit aussi, mais d'un mauvais rire de procureur. Barère est moins avenant dans cet admirable portrait, qui suffirait, avec celui de Mme d'Orvilliers, à assurer la gloire de David. L'orateur de la plaine est à la tribune; il a sur les lèvres la harangue froide et calculée où il réclame la mort de Louis Capet. C'est tout le jacobin. Sous ce front fuyant, rétréci aux tempes, l'idée fixe s'est logée, cette idée dont le travail envahissant a été si lumineusement expliqué par un grand historien de notre temps.

Un autre beau portrait est celui de Paré, le ministre de l'intérieur qui remplaça Garat en 1794; on est tenté d'attribuer à David cette peinture limpide et franche; elle porte la signature d'un de ses élèves, La Neuville. Le ministre écrit à la Convention; on lit sur l'en-tête de son rapport : « Ce 12 germinal an II... » C'était le jour où le tribunal révolutionnaire jugeait Danton. Quelques années auparavant, Paré, arrivant de son village de Champagne, avait été recueilli chez l'avocat aux conseils du roi; à cette heure, l'ancien petit clerc de Danton notifie à l'Assemblée la condamnation de son patron. Est-ce pour l'appuyer ou la combattre? Le ministre hésite, la plume suspendue, entre une parole de courage ou un lâche acquiescement; nous ne saurons pas le secret de ce papier.

Tous ces gens-là ont le calme ou bien, comme Saint-Just, le

sourire vague des maniaques. Ils ont lu Rousseau, ils sont bons logiciens et développent ses théorèmes. Car sous les différences apparentes, il y a un lien commun entre tous ceux et celles qui remplissent ce salon, marquises et montagnards, bergères et bour-reaux ; tous sont à quelque degré filles et fils de Jean-Jacques ; seulement les unes n'ont lu que *la Nouvelle Héloïse*, les autres ont poussé jusqu'au *Contrat social*. Le portrait du philosophe devrait présider la réunion ; absent, on le devine partout, il est le dieu de ce temps, et je ne crois pas que jamais homme ait exercé une aussi prodigieuse influence sur toute une suite de générations, sur toute l'histoire d'un siècle. Sentimental ou raisonneur, il a pris ses contemporains par toutes leurs fibres. Dans une étude récente sur la société française à cette époque, M. de Lescure analyse avec sagacité le rôle prépondérant de Rousseau ; cette salle donne raison à l'historien. Dans la première moitié de cette galerie, les femmes obéissent à leur précepteur, il ordonne leurs toilettes plus simples, leurs divertissemens rustiques, leur maintien et leurs discours ; dans l'autre moitié, les conventionnels commentent sa politique, elle dicte leurs projets de lois et leurs arrêts ; l'idylle et la tuerie sont pareillement la mise en pratique de ses leçons. Et l'effet de sa doctrine continuera à se produire, tout le long de la route qui nous reste à parcourir. Aujourd'hui encore, nous en vivons, ou plutôt nous en mourons, des idées couvées par Jean-Jacques. Quiconque a élevé un enfant sait par expérience combien le métaphysicien déraisonne à chaque ligne, quels démentis flagrans la nature lui donne. N'importe ; les moins savans d'entre nous sont d'accord pour condamner sa philosophie, et tous nous appliquons des doctrines sociales qui découlent directement de cette philoso-phie, sans nous apercevoir de la contradiction. Que demandé-je le portrait de Rousseau ? Ne se prépare-t-on pas à dresser une statue au fou de Genève dans le pays de Voltaire et de Diderot ? Qu'on vienne, après cela, nous parler de notre époque scientifique et de la méthode d'observation ! Si nous étions mûrs pour l'appliquer, il y a vingt-cinq ans que les enseignemens de Darwin auraient tué jusqu'au souvenir des fantaisies du sophiste.

Mais je m'égare, je reviens aux conventionnels, et je les cherche. Disparus, évanouis, eux aussi, comme les jeunes femmes de tout à l'heure qu'ils ont guillotinées. Les perruques à cadenettes ont été rejoindre dans le panier les boucles poudrées. La révolution s'est précipitée, haletante, dévorant tous ses enfans. Dans cette salle où tant de personnages divers bruissaient il y a un instant, l'affreux cauchemar ne nous laisse plus voir qu'un monceau de têtes, roulant pêle-mêle sur le sol. Et la galerie se termine par un second portrait

du vieux Gluck, cherchant toujours à son clavecin l'harmonie qui
console et résume la peine commune ; il n'a pas vécu jusqu'à ces
années, mais il leur a légué des chants formidables comme elles,
la *Bacchanale des furies* et le *Chœur des enfers* : « ... Larves,
spectres, ombres terribles... » — Qui va ramasser ce monde écroulé,
relever les lois et les courages? Suivons le siècle en sa course
rapide, passons dans la salle voisine.

II.

David y règne encore, par ses élèves plus que par lui-même.
C'est proprement le domaine de Gérard, de Girodet, de Gros et de
Prudhon. — Les visiteurs se pressent devant un portrait de jeune
homme, presque d'enfant : Bonaparte, par Greuze, en 1789. Le rap-
prochement de noms est piquant, et c'est une aimable surprise, ce
Bonaparte vaporeux, châtain, presque blond, — un Bonaparte à la
cruche cassée. Mais l'attribution soulève bien des doutes. Est-il
vraisemblable que le vieux maître, à l'apogée de sa gloire, ait été
chercher à La Fère le pauvre sous-lieutenant inconnu ? J'indique
seulement cette réserve chagrine ; ne disputons pas en public son
plaisir, associons-nous à son émotion.

Trois portraits sont là, côte à côte ; le premier, le Greuze, puisque
Greuze on veut, c'est le grand rêve flottant encore dans l'espoir des
vingt ans ; mais quelle maturité de réflexion sur ces traits juvéniles,
quelle décision dans les lignes du visage, quelle calme possession dans
ce regard, jeté sur l'avenir comme un regard de jeune aigle, fixé déjà
sur les rayons du soleil d'Égypte! Ce ne sont pas les chimères accou-
tumées de cet âge, des visions de femmes et d'amours, qui battent
sous ce front : ce sont des prises d'hommes et de mondes. Et comme
cette tête est trop tendre et trop étroite pour l'idée qu'elle contient,
David la prend, l'agrandit et la durcit, dans l'ébauche voisine ; son
crayon la fixe sur la toile comme un ciseau dans du marbre ; elle
devient le masque mémorable du général de Marengo, du jeune
dieu de victoire, avec la pureté grecque des lignes et l'audace française du regard, insoutenable, dominateur ; jamais il ne sera plus
fier, jamais il ne sera si beau ; le col se hausse et le front s'élargit
à la mesure d'une couronne ; pourtant il ne se sent pas assez vaste
encore, il échappe à David, inachevé, avant que les crayons aient
pu saisir le buste et les pinceaux colorer cette apparition d'un moment. Un autre peintre, Pagnest, reprend ce visage, l'amplifie à
nouveau et l'établit dans toute sa puissance ; ce n'est plus Bonaparte, c'est Napoléon, c'est l'Empereur. César romain, toujours
superbe, mais déjà lourd de victoires et de pouvoir, un peu gras,

un peu jaune, un peu las du poids du monde; le col s'affaisse, la
paupière est plus pesante, le regard plus éteint; il ne se lève plus
vers le soleil d'Égypte et d'Italie, il descend sur les neiges de Russie
et les brumes de Waterloo. Non, rien n'est saisissant comme la
progression de ce visage, que les peintres se passent, sans pouvoir
l'arrêter et le fixer dans sa fortune changeante; c'est l'incarnation
vivante des vers du poète :

> ... Du premier consul déjà par maint endroit
> Le front de l'empereur brisait le masque étroit.

Un de ces derniers matins, je m'amusais à suivre le garde républicain qui venait de prendre le service d'ordre au palais des Beaux-
Arts. Le brave soldat erra d'abord dans les salles, promenant sur
les tableaux ces yeux indifférens, étonnés, un peu timides, que
chacun a pu remarquer chez les visiteurs populaires du Louvre. Il
arriva devant le Napoléon de Pagnest, s'arrêta net, le regard fixe,
réveillé, cloué sur cette toile. Je l'observai durant plusieurs minutes;
sa lourde pensée travaillait visiblement devant cette figure dont il
savait la légende, ce soldat du peuple comme lui, entouré de maréchaux, commandant à tous, l'aigle d'argent de la Légion étincelante
sur la poitrine. Mon homme n'était probablement pas un politique
et ne connaissait que sa consigne; mais je sentais bien que si le
portrait avait parlé, la main se fût portée d'elle-même à la visière
du shako, que si le portrait avait marché, l'homme aurait obéi,
suivi, se serait fait tuer. Ce garde républicain, c'est la France de
1800, celle d'aujourd'hui, celle de toujours. Pour un temps, elle
supporte Robespierre, elle s'accommode de Barras, de tout et de
tous; on la croit raisonnable ou résignée, jalouse de calme et de
liberté; mais la vieille imagination gauloise a le sommeil léger:
vienne l'étincelle, elle s'enflamme, elle éclate, et l'homme du prodige l'emporte où il veut, toujours amoureuse de bruit, de force et
de grandeur. J'ai vu devant ces tableaux les visiteurs de toute condition; à des degrés divers, tous subissaient la fascination et tra-
hissaient les sentimens du garde de Paris, la curiosité, l'enthou-
siasme, le respect chez les plus simples; comme ce soldat, je crois
bien que si Napoléon avait ordonné, presque tous eussent obéi.
Nous aurons beau modifier les cerveaux, puisqu'on les modifie
aujourd'hui, nous ne changerons pas ce qui est d'essence humaine;
et c'est peut-être fort heureux, et peut-être avez-vous raison, garde
de Paris, de croire encore aux épopées, à la gloire et aux miracles.
Seulement tenez-vous en défense; avant de croire, demandez d'abord
le miracle; quoi qu'en disent la légende et Béranger, l'Empereur

est bien mort. Garde républicain, n'allez pas prendre le change, si d'aventure vous rencontriez dans les salles un portrait qui ressemblât dangereusement à celui de Pagnest.

On devine comment est composé le salon où trône Napoléon; la famille impériale, des généraux, des conventionnels repentis, grimés en sénateurs ou en pairs de la Restauration, des femmes avec la taille sous la gorge et le turban sur les cheveux. De l'impératrice Joséphine il n'y a qu'un pastel de Prudhon; c'est bien le genre de peinture qui convenait à la pauvre figure effacée. Plus loin, un superbe masque en grisaille d'une princesse Bonaparte, par le même Prudhon; ne serait-ce pas Caroline Murat, la reine de Naples? L'adorable femme conserve toute la puissance du type napoléonien, tempérée par une grâce voluptueuse; on ne sait ce qu'il faut le plus admirer, de l'art du peintre ou de la souveraine beauté du modèle. David a reproduit le profil grec de Pauline Borghèse; c'est vraiment dommage qu'il ne soit pas tombé, comme Canova, sur un jour très chaud, et qu'il n'ait pas achevé la déesse.

Auprès de l'empereur, les mères de famille s'attendrissent sur le roi de Rome, une tête blonde ébauchée par Lawrence; les traits du père sont bien reconnaissables chez l'enfant, mais adoucis et estompés; le sang noir du Corse est affiné par le vieux sang de Hapsbourg. Dans l'autre salle, Louis XVII, ici le roi de Rome; et l'on pourra en voir dans chaque salle, à chaque génération, de ces frêles fantômes nés au pied du trône et à qui le sol de France est si obstinément cruel. Les peintres les ébauchent et devinent que ce n'est pas la peine de leur donner la plénitude de la vie, puisqu'ils sont destinés à passer comme des ombres. Nous ne l'ignorions pas, cette fatalité des enfans des Tuileries; mais l'exposition des Portraits la rend sensible et vivante, en nous faisant entrevoir toute la série de ces pâles effigies. Je doute que les mères, après avoir parcouru ce musée, rêvent la nuit d'être reines de France.

Autour de l'empereur, ses lieutenans et ses maréchaux, Kléber, Berthier, Soult, Junot, Lepic, Championnet. Ici, attendez-vous à quelques déceptions. Pour la plupart, ces portraits n'ont pas grande tournure, ces physionomies légendaires ne sont pas autrement caractéristiques. N'eurent-ils pas le temps de se faire peindre entre deux campagnes, ou pensent-ils, en bons courtisans, que le maître doit briller seul et qu'il faut rester terne pour ne pas l'offusquer? Je ne sais, mais quand ils servaient la Convention, David leur donnait une autre mine. Çà et là, quelques gaucheries trahissent l'improvisation hâtive de toutes ces grandeurs, de ces cours nouvelles, et, si j'ose dire, de cette mascarade de rois. On pense aux anecdotes contées par Mme de Rémusat. Regardez le portrait du roi Jérôme, écrasé sous ses insignes; cela semble peint sur un théâtre et posé par quelque figurant qui a précipitamment revêtu des cordons, des chaînes d'ordres, un manteau royal trop lourd. Montaigne eût dit là devant : « J'en vois qui se prélatent jusqu'au foye et aux intestins. »

Regardez, dans le même ordre d'idées, ce grand incroyable noir, qui se promène devant le Vésuve, une rose à la main, et qu'on a baptisé du nom de Murat, peut-être un peu à la légère. En sortant de là, on peut aller revoir les princes et les courtisans que peignait Rigaud; ils sont plus à l'aise, au Louvre. Ici, on est théâtral ou effacé. Au surplus, les portraits militaires sont moins nombreux qu'on ne s'y attendrait et d'importance secondaire. Les chefs de la grande armée ont mieux que la toile pour durer; leurs noms sont gravés là-haut, dans Paris, sur les pierres où les soldats de Rude montent la garde. — En revanche, l'Empereur a sous la main l'indispensable Talleyrand; il en a même deux exemplaires : s'il voulait nous en céder un ! Le prince de Bénévent s'est fait faire tout petit, pour mieux passer par tous les trous et par tous les régimes; il porte au vent son nez futé, taillé comme exprès pour flairer les consciences et les rapports secrets.

En face, si Napoléon a le temps de s'en occuper, Gérard a groupé sous ses yeux de fort aimables personnes. Mlle Duchesnois porte son carquois sur un costume mythologique; Mlle George ne porte que sa belle tête sur ses épaules sculpturales, et nous sommes loin de nous en plaindre. Au-dessus des actrices, les femmes de la cour et quelques-unes qui la boudent, mais timides et réservées, sachant que ce moment du siècle ne leur appartient pas. Bien peu d'années se sont écoulées, depuis que nous avons quitté la salle de Louis XVI et de la révolution : comme tout ce monde a déjà un air différent des airs d'alors ! Là-bas, de l'enjouement, de la gaîté, les hommes mêmes souriaient, et même les membres du comité de salut public : les têtes fermentaient, pleines d'idées naïves et ardentes. Ici, on est grave, rembruni, compassé, on a vu se dérouler des événemens terribles, on n'est pas sûr du lendemain, et puis il faut se composer un maintien de cour. Là-bas, les femmes regardaient à terre, regardaient les hommes; ici, quelques-unes lèvent les yeux au ciel, d'autres les tiennent fixés dans le vague, sur des paysages ossianesques; on se fait volontiers peindre sur des fonds de montagnes ou de mers; on a des aspirations infinies et mélancoliques; je gage que ces femmes sont un peu moins spirituelles et plus vraiment tendres que leurs aînées; beaucoup ont fait retour à Dieu, toutes attendent quelque chose à adorer et se laisseront facilement prendre aux idées sublimes, voire même aux paroles pompeuses. Les âmes

sont préparées, émues, lassées, un peu crédules : apparaissez, Chateaubriand.

Au fait, où est-il, lui qui devrait balancer Napoléon dans notre
curiosité ? Je sais bien que ce n'est ni le temps ni le quartier des
hommes de lettres, des idéologues; je n'en vois aucun, excepté
l'inoffensif Ducis. Mais René ne saurait manquer, pas plus que
Mme Récamier, la reine de beauté dont le nom radieux illumine le
lever du siècle et fait penser à la parole du Cantique : « Ton nom est
comme un parfum répandu. » — Avez-vous vu dans un bal un
couple très épris quitter furtivement le salon pour s'isoler dans les
jardins ou dans les galeries peu fréquentées? Ainsi a fait Chateaubriand. Il est descendu, il a suivi Mme Récamier dans la solitude
du grand vestibule. Peut-être aussi lui déplaisait-il de tenir ses
états dans la même pièce que Bonaparte, peut-être espérait-il, en
s'allant exposer devant la porte d'entrée, que les visiteurs pressés
s'arrêteraient là et diraient : Voilà l'homme du siècle ! Hélas ! les
visiteurs montent plus haut et trouvent Napoléon. MM. les organisateurs ont-ils voulu taquiner le père d'*Atala?* Ils viennent de sus-
pendre dans son voisinage un autre portrait de l'Empereur, celui
de Lefèvre; en outre, ils l'ont méchamment placé sur un retour du
portant où se trouve Mme Récamier, qui tourne le dos au soupirant
éconduit. Chateaubriand est représenté à deux époques de sa vie;
d'abord le portrait de la jeunesse, par Paulin Guérin, avec toute la mise
en scène de rigueur : fatal, soucieux, la cravate lâche, les cheveux en
désordre, René est assis sur des rochers abrupts, il se profile sur
les torrens et les pics sauvages des arrière-plans. Dans le second
portrait, le pair de France s'apprête pour le sacre de Charles X, il
étale l'hermine et tous ses ordres sur sa poitrine. Mais, tel que
nous le connaissons, il les donnerait bien volontiers pour rebrunir
ses cheveux blancs et revenir à l'âge des rochers.

Mme Récamier, dans le grand tableau de Gérard, fait mine d'ignorer
que son ami se morfond là derrière, elle s'incline vers nous avec son
sourire d'enfant innocente; tout est marbre autour d'elle, l'atrium
antique, la colonnade, les dalles où posent ses pieds nus ; bien qu'une
mince portière garantisse à peine l'atrium des brises d'un jardin,
l'héroïque femme a posé drapée dans un unique et léger tissu, avec
une écharpe jaune sur les genoux; elle est abandonnée sur une
chaise de repos : quelle chaise ! quel repos ! Est-ce un avertissement
aux espérances trop faciles, ce cadre de marbre et la sensation de
froid qu'il donne? Si elle le voulait, l'enchanteresse réchaufferait
toutes ces glaces, elle le sait bien; depuis les lettres de ce pauvre
Benjamin Constant, nous nous défions, nous la soupçonnons d'avoir
été la plus irréprochable sans doute, mais aussi la plus accomplie

des coquettes. Ce n'est pas vous, René, qui y contredirez, et vous seriez plus avisé d'envoyer au moins l'un de vos portraits consoler là-haut l'infortunée Mme de Beaumont.

Avant de quitter l'Empire, il faut rendre justice à ses peintres. Sauf Prudhon, ils n'étaient pas en grand crédit auprès de nous, et nous avons tous à nous reprocher quelques propos irrévérencieux sur leur compte. L'exposition des Portraits, qui est un triomphe pour David, sera une réhabilitation pour ses disciples : chacun s'écriera en sortant de là : « Quel dommage pour eux et pour nous qu'ils aient jamais fait autre chose que des portraits ! » Girodet reprend un bon rang avec une ravissante jeune fille en blanc, avec le portrait noble, clair et simple de M. de Bourgeon. Lefèvre, le suit de près ; son Napoléon est un peu froid, mais le personnage catalogué, à tort, paraît-il, sous le nom de M. de Canteleu, rappelle l'exécution serrée et sincère de David. Gros se tiendrait moins bien sans le comte Chaptal, œuvre très travaillée et très vivante. Gérard, le peintre des femmes, serait impeccable s'il rencontrait toujours pour modèles des statues comme Mlle George ou Mme Récamier. Peut-être n'est-ce pas sa faute si ses héroïnes ont des attaches de cou aussi disgracieuses, si Mme Pasta a l'attitude d'une cigogne effarouchée ; la métaphore du col de cygne est tellement à la mode dans la littérature du temps que, pour la mériter, ces dames se croient obligées de distendre les muscles de leur nuque. Je ne sais pas non plus si c'est le peintre ou les modèles qui affectionnent des verts, des jaunes, des roses déplorables. Cependant Prudhon les réprouve, lui ; ses caresses de couleur, ses molles lassitudes de pinceau reposent nos yeux des tons trop crus, des lignes trop dures. Le portrait de M. de Mesmay et celui d'un Conventionnel semblent embus avec de l'ambre liquide.

Si ce charmeur n'était pas largement représenté dans cette salle, l'aspect général souffrirait d'un caractère de sécheresse, de froid et de monotonie. La morale de notre promenade, c'est qu'un empereur comme un roi a toujours la peinture qu'il veut. Chacun l'a senti en passant d'une galerie Louis XIV à une galerie Louis XV. Napoléon penchait pour la sévérité du grand roi. Plus on relit l'histoire, plus on étudie nos voisins les mieux établis en puissance, et plus on se convainc que la vraie grandeur ne va pas sans un peu de gêne, disons le mot, sans un peu d'ennui. C'est l'inconvénient inévitable de la règle qu'on s'impose pour être plus fort. Napoléon l'avait compris. Notre imagination nous représente tout d'abord l'épopée impériale comme un déchaînement héroïque, nous la voulons impétueuse et lumineuse, nous croyons entendre des *Marseillaises* souffler sur l'Europe, entraînant des foules enfiévrées ; il semblerait que le peintre attitré de cette merveilleuse folie ait dû être Géricault, avec sa palette enflammée, broyant des couleurs sans nom, brossant sur les visages et les chevaux des touches paradoxales de vert ou de bleu, comme dans la pochade du lieutenant Dieudonné. Ce n'est pas là la vérité. Géricault était un révolté, un romantique d'avant l'heure. Le trait distinctif de Napoléon, c'est le génie de l'ordre et de la règle ; sans quoi il n'eût pu instituer les cadres encore debout de notre société. L'étudiant de Brienne était d'instinct un géomètre, il voulut et il obtint un air de géométrie dans tout, dans sa cour, dans la prose de Fontanes et les vers de Ducis, dans la peinture de Gérard et de Gros. Tout ce monde qui nous entoure est exact, ordonné, grave et parfois solennel, à défaut de majesté ; car tout ce monde est éclos d'un petit front volontaire dessiné là par Greuze. A bien compter les dates, un tiers de cette salle appartiendrait à la Restauration ; mais l'impression générale de l'œil proteste contre cette restitution. Tout ici est frappé à la marque de l'Empereur, tout est dans sa dépendance. C'est que les Bourbons héritèrent des peintres, comme des généraux et des administrateurs de l'Empire. Ceux qui portent déjà la livrée royale semblent réciter sans conviction un rôle bien appris.

Il n'y a guère qu'une exception : c'est ce gentilhomme au visage spirituel et loyal, si bravement campé dans le magnifique portrait de Lawrence ; le duc de Richelieu clôt brillamment la salle ; il attend que l'édifice impérial s'effondre, il se prépare avec Talleyrand à sauver tout ce qui peut être sauvé des ruines françaises. L'homme d'état, l'honnête homme, a fait graver sur son cadre sa devise, qui ne conviendrait guère à la plupart de ses voisins, qui ferait sourire Talleyrand : *Mutare, timere sperno.* L'histoire ne lui a pas encore rendu toute justice ; les historiens timorés voient trop l'émigré derrière le ministre. Heureusement qu'il émigra ! D'abord on ne coupa point sa tête, qui nous eût manqué ; et puis il fit de si bonne besogne, chez le souverain qui l'avait accueilli, qu'en 1815 il put se jeter aux pieds d'Alexandre et lui dire : « Sire, ne permettez pas qu'on enlève l'Alsace à la France ! » Et l'Alsace nous fut conservée. A ce prix, les patriotes les plus susceptibles regretteront tout bas qu'il n'y ait pas eu toujours des émigrés ; on s'en contenterait pour ministres, de ces transfuges qui peuvent arborer la fière devise : « Changer ni craindre ne daigne. »

III.

Ingres, Delaroche, Ary Scheffer, nous introduisent dans un nouveau monde. La salle où nous entrons et quelques parties de la suivante sont consacrées à la monarchie parlementaire, presque exclusivement à la monarchie de juillet. Le petit salon où nous voici a son caractère bien à lui, la société n'y est pas mêlée, pas très gaie, mais fort intéressante ; c'est un salon parlementaire, doctrinaire, avec une porte ouverte aux artistes ; les bureaux des *Débats*, ceux du *Globe* et deux ou trois ateliers en font presque seuls tous les frais. Pas de rois ni de reines, aucun portrait de Louis XVIII, de Charles X, de Louis-Philippe ; on pourrait se croire dans la meilleure des républiques ; il doit y avoir dans la charte un article additionnel, stipulant que le roi règne et ne se fait pas peindre. Presque pas de jeunes femmes, quelques vieilles seulement ; encore moins d'uniformes ; des redingotes sévères, des cravates roulées à plusieurs tours ; nulle dépense de couleur pour les peintres, le noir est de rigueur. On ne se bat plus, on ne fait plus sa cour, ni la cour, on médite, on parle, on écrit, on peint. Dans la salle de l'Empire, une petite fille jouait avec un grand sabre de grenadier qu'elle traînait sur son dos ; cette enfant symbolisait son époque. L'instrument est changé qui violente la fortune : si la petite fille, qui a dû grandir, s'était fait repeindre ici et voulait continuer à servir de symbole, elle devrait charger sur ses épaules la tribune. Voilà la reine !

Les peintres n'ont pas manqué de la figurer, Delaroche l'a simulée dans deux tableaux : le premier nous montre M. Guizot accaparant une moitié de la bienheureuse tribune ; le second, M. Thiers, s'emparant de l'autre moitié. Un hasard favorable a voulu que l'arrangement des deux portraits permît de reproduire avec eux l'épisode le plus saillant de notre histoire parlementaire ; une fois de plus, les deux adversaires se mesurent, face à face, affrontés, continuant dans la mort le long duel poursuivi pendant quarante ans dans les parlemens, les académies et les salons. Guizot tient la tribune de toute l'énergie de sa volonté ; Thiers y monte comme à l'assaut. En tant qu'œuvre d'art, le portrait du premier est bien supérieur à l'autre. L'homme se détache sur le marbre, son visage en a la dureté et la pâleur ; grand, sévère, tout noir, les tempes déjà blanchies par le travail et le pouvoir, encore jeune pourtant, s'il a jamais été jeune ; il va parler, du regard il prend la mesure de son auditoire et examine si celui-ci est à la hauteur de son dédain ; pas un livre, pas un papier sous sa main ; la toile est vide et nue comme un temple protestant ; rien que la pensée concentrée sous ce front ; elle va partir et monter haut, implacable comme le boulet. Certes, l'homme qui médite et regarde ainsi est puissant, intègre et droit ; mais si j'étais son prince, j'hésiterais à l'appeler : pour accomplir son idée, il laisserait crouler mon trône et le monde. Si cette figure ne respirait pas la raison, elle serait terrible ; cinq cents ans plutôt, ce portrait eût été celui d'un inquisiteur ; plus tard, d'un défenseur de La Rochelle, d'un compagnon d'Arnauld à Port-Royal. C'est tout un aspect du génie français, celui de Coligny, de Pascal et de Richelieu.

Où est l'autre aspect, celui de Montaigne, de Retz et de Voltaire? Demandez à Thiers, qui gravit allègrement les marches de la tribune, une brochure à la main, quelque budget sans doute, dont il va faire danser les chiffres dans un clair mirage. Il est moins absorbé, lui, il a un œil et une oreille aux aguets pour saisir les mouvemens, les bruits d'opinion ; plus alerte, plus pénétrable et plus communicatif, il va s'insinuer, convaincre ; il est assez avisé pour tourner les obstacles que l'autre renverse ; le roi et le peuple le goûteront plus, parce qu'au besoin il les fera rire ; sa tête bourgeoise travaille sous son toupet, elle fourbit les argumens et les malices que ce petit David va asséner sur le grand Goliath ; je crois bien qu'en définitive la victoire lui restera, car il est le plus vivace et le plus français des deux, il parle à un pays qui préfère l'esprit à la sublimité, la clarté à la profondeur, la bonne humeur à la vertu.

Au-dessus des deux adversaires, isolé dans les hauteurs, un homme triste, vieilli, à l'air noble et fatigué, les écoute en croisant les bras. C'est Lamartine ; non pas le bel adolescent de Milly, le poëte et l'amant d'Elvire ; hélas! ce n'est plus qu'un député, déjà dévoré par la politique, séduit, lui aussi, par la tribune tentatrice où ses yeux s'abaissent ; ne lui demandez pas de vers, il vous ferait un discours, et sur les finances, encore ! Pourtant, sa mine lassée nous le dit, la politique n'a pas mieux contenté son âme que la poésie et l'amour ; il s'ennuie, il persuadera à la France qu'elle s'ennuie avec lui, et il leur faudra une révolution pour se désennuyer.

D'autres portraits complètent ce tableau vivant si ingénieusement composé. M. de Rémusat attend son tour de parole, mais avec moins d'ardeur que ses grands rivaux ; ce visage est bien trop fin, trop sceptique, pour apporter de la passion aux affaires et mettre un prix démesuré aux portefeuilles ; si le bon vent lui en apporte un, il le saisira avec adresse ; s'il le perd, il reviendra s'en consoler avec les lettres et les muses, il retournera demander à son ami Abélard comment la philosophie enseigne à supporter toutes les pertes. Non

moins spirituelle et fine est la physionomie du comte Molé, dans un
des meilleurs portraits d'Ingres; le noble pair, un peu dégingandé,
se dandine dédaigneusement; il devait être ainsi à l'Académie, le
jour où il cribla d'épigrammes le malheureux Alfred de Vigny et le
renvoya tout meurtri dans sa Tour d'ivoire. Ary Scheffer, que nous
voyons là-bas à côté de sa mère, a peint plus loin Villemain et
Lamennais, réunis côte à côte par le hasard. Villemain professe, sa
parole et son geste affirment; Lamennais, très dramatique d'attitude,
réfléchit et doute; tout ce pauvre front est contracté par la lutte
intérieure. Est-ce comme lettrés qu'ils sont ici? Ce n'est pas pro-
bable; ils se rapprochent de la tribune, Lamennais pour retrouver
une chaire, Villemain parce qu'il tient pour axiome que la littérature mène à tout, pourvu qu'on en sorte. Scheffer a mis une note
touchante dans ce grave concert; la vieille mère de Guizot, assise
derrière son fils, attentive sous ses coiffes, écoute la parole de son
enfant, jouit avec recueillement de son génie et de sa gloire.

Tout ce monde a les yeux tournés vers le marbre de la tribune,
la pierre d'aimant de cette salle; en est-elle donc la seule puissance?
Non. Regardez, en face d'elle, le plus beau de ces portraits, le portrait du siècle, celui qui tue tous les autres : arrêtez-vous devant
Bertin aîné, le chef-d'œuvre d'Ingres. On a tout dit depuis longtemps sur cette toile au point de vue de l'art; je voudrais seulement me demander si l'habileté de l'ouvrier suffit à expliquer
la fortune exceptionnelle de certains tableaux. Je ne le pense
pas. Nous ne les plaçons si haut que parce qu'ils symbolisent
clairement une époque ou une idée maîtresse. C'est le cas ici.
Cet homme qui a une telle conscience de sa force, qui appuie
avec tant d'assurance ses mains robustes sur ses genoux, c'est
plus qu'un homme, c'est un pouvoir nouveau : c'est la presse.
Seul, Bertin n'envie pas la tribune; il a son journal, il attend que
ces orateurs et ces ministres viennent faire antichambre chez
lui. Le monstre ne fait que de naître, il est vrai, mais on peut
prévoir sa croissance prodigieuse; on devine qu'il va tout envahir,
tout subordonner à ses caprices, bouleverser les sociétés et les
habitudes de l'esprit humain, plus sûrement que tous les autres
agens de nos transformations. Bientôt son bruit formidable couvrira
tout, et il saura le donner pour le bruit du peuple, pour le bruit
de la vérité; bientôt la tribune ne sera plus que sa servante; elle
ne parle qu'à une élite, et lui parle à l'univers; il se rit d'elle,
comme le vaisseau qui court sur l'Océan se rit de la barque qui
flotte sur un lac.

Voilà pourquoi Bertin est si fort, Ingres si inspiré en le pei-
gnant, à leur insu peut-être à tous deux. Dans trois ou quatre cents

ans, quand de vagues légendes auront remplacé les noms perdus, le musée qui aura le bonheur de posséder cette toile l'intitulera simplement : *le Journaliste*, comme nous disons de telle statue de Romain : *le Gladiateur*; la postérité qui s'arrêtera devant elle verra apparaître dans ce mot et sur cette figure toute une face de l'histoire du passé.

Après ce coup de maître, comment expliquer les incompréhensibles défaillances du pinceau d'Ingres? Assez naturellement, il me semble. Les coloristes paraissent toujours égaux à eux-mêmes; ce sont gens de ressources, qui dans les momens difficiles dissimulent leur pauvreté sous un riche manteau. Ingres, pour qui le dessin est la bonne foi dans l'art, méprise ces subterfuges; quand il perd le sentiment de la vie et de la grâce, il ne lui reste rien pour nous faire illusion, il est franchement déplaisant; c'est le cas dans cet étrange portrait d'une femme à qui la grâce ne manquait pas cependant. Je n'aime guère mieux le duc d'Orléans; on dirait un dandy en garde national, contraint de monter sa faction; il s'en acquitte assez gauchement et rêve d'aller rejoindre Musset, auquel il ambitionne de ressembler. — Toujours l'aîné des Tuileries, marqué par la fatalité, le Marcellus de cette nouvelle salle! Un autre petit prince joue dans un parc; il grandit, et Winterhalter nous le montre lieutenant d'Afrique; il grandira encore, et M. Bonnat nous le rendra général, avec les belles étoiles. — Après Ingres, c'est Delaroche qui fait ici la meilleure figure, puis Ary Scheffer. Delacroix, l'insurgé, a osé glisser son propre portrait dans cette austère compagnie. Mais vous douteriez-vous, si l'on ne vous prévenait pas, qu'ils sortent des ateliers romantiques, ces personnages si noirs, si tranquilles, reçus de plain-pied dans la société que fréquente M. Ingres? Est-ce le respect, la gravité des modèles et le froid du milieu qui éteignent la palette des révolutionnaires de la couleur? Les peintres ont dû souffrir de cette contrainte; j'imagine qu'en achevant les séances, ils allaient joyeusement piquer une nouvelle touche d'écarlate ou d'outre-mer sur *la Naissance d'Henri IV* et *les Massacres de Scio.*

En vérité, le salon doctrinaire n'est pas folâtre, je comprends un peu que la France s'ennuie. D'ailleurs nos parlementaires se font plus noirs qu'ils ne sont et ils ne nous montrent pas toute leur vie. Je me suis laissé dire qu'il y avait dans ce temps des femmes gracieuses et aimées : pourquoi ont-elles déserté votre salon? Vous y tolérez à peine dans un coin *la Muse de la patrie*, la belle et inévitable Delphine Gay; la voici, exactement telle que la vit chez M. de La Bouillerie, un soir de février 1830, le spirituel conteur qui évoquait naguère son image, dans les *Souvenirs d'un vieux mélomane :*

« Robe blanche, écharpe bleue, poses de Corinne au cap Misène. »
Ingrats ! pourquoi avez-vous relégué dans la salle voisine la Malibran ? Les cheveux épars, le regard noyé, elle va jouer Desdé-
mona : ne voulez-vous plus que Maria-Félicia vous chante *le Saule ?*
Vous avez tous pleuré en l'écoutant, et quand j'ai connu les plus vieux
d'entre vous, ils avaient oublié les beaux discours, ils ne se rappe-
laient plus que ces bonnes larmes. Et Rachel, est-ce par fausse
honte que vous l'exilez auprès de la Malibran ? C'était alors une
gamine maigre, toute noire, toute simple, avec des yeux farouches
et de modestes bijoux de corail. Nos tragédiennes de talent ne croi-
ront jamais qu'on ait eu du génie avec d'aussi pauvres boucles
d'oreilles.

La tribune écarte les actrices; elle n'admet pas davantage, ou
elle effraie peut-être, tout un monde de fantaisie et de libres rêves,
qui a bien été pour quelque chose dans la gloire de l'époque. Ce
monde de bohème, le succès ne l'a pas encore tiré des ateliers et
des mansardes; vous ne le trouverez pas dans les grands tableaux
des maîtres; il faut l'aller curieusement chercher dans de chétifs
tableautins, dissimulés dans l'étranglement du passage, accrochés
sur le retour du portant. Tant mieux. Ces pochades d'écrivains et
d'artistes, ces souvenirs de camaraderie, brossés par Boulanger et
r Delacroix, nous donnent l'impression vraie du moment, ils sen-
tent la jeunesse et l'espérance; on les voit faire au pied levé dans
le tumulte de l'atelier, entre des volées de paradoxes, des projets
de poèmes et de romans, des théories sur l'art et des cigarettes.
Pichot vient de leur lire Walter Scott, et Delacroix se costume en
Ravenswood pour se peindre; Paganini racle son violon avec des
gestes épileptiques; Achille Devéria croque ce jeune homme imberbe
couché sur un sofa; c'est *l'enfant sublime,* le poète des *Odes et
Ballades :* presque tout le siècle va passer, et nous le retrouverons
à la fin dans les portraits de l'apothéose. Balzac travaille dans son
froc de dominicain; Rousseau et Corot commencent à peindre.
Est-ce avec de la sépia ou avec un jaune d'œuf délayé que Delacroix
a dessiné cette curieuse petite tête de George Sand, prise à une
heure douloureuse, après le voyage d'Italie peut-être ? Regardez-la
de près, c'est une merveille d'éclairage et d'expression : peinture
émue, passée de ton, comme une page d'*Indiana.* Le pastel de
Musset est beaucoup plus loin, dans notre salle, comme pour nous
prouver qu'il a toujours vingt ans et qu'il est immortel. Bohèmes
ou dandys, artistes et poètes, n'enviez pas l'auguste salon de la
tribune; vos vers, vos livres et vos toiles dureront plus que son
marbre, et si le siècle survit, ce sera par vous.

Il vieillit, le siècle, il se hâte vers son déclin et nous presse de

marcher avec lui. Nous l'avons vu dans les convulsions de son
enfance, dans l'héroïque élan de sa jeunesse, nous venons de le
voir dans la vigueur de l'âge, donnant son grand effort intellectuel.
Époque mémorable et relativement heureuse! Les esprits avaient
encore une foi absolue dans le catéchisme de 1789, ils n'en épui-
saient pas les conséquences inéluctables. En religion, en politique,
en littérature et en art, un accord raisonnable s'était fait pour une
heure entre les doctrines du passé et celles de l'avenir; les âmes
religieuses conciliaient leur dogme avec leur libéralisme ou, à défaut
de dogme, s'enivraient d'un déisme poétique. Les hommes d'état
avaient créé une machine compliquée, séduisante et fragile, pour
régler l'exercice du pouvoir et celui de la liberté; ils se flattaient
que le pays le plus logique, le plus impatient du monde, se contenterait toujours de la fiction sur laquelle vivent des races moins
subtiles, moins remuantes. Ils croyaient la Révolution accomplie et
Rousseau satisfait, parce que les classes aisées avaient le privilège de
taquiner le gouvernement et les orateurs de talent la facilité de renver-
ser un ministère. Les écrivains, les artistes revenaient au sentiment
de la vie et de la réalité, sans perdre de vue l'idéal et les règles
éternelles du goût. Toutes les chimères tourbillonnaient dans le
ciel d'alors, l'impitoyable crit que ne leur avait pas encore coupé
les ailes, le pessimisme ne les avait pas dispersées de son souffle
découragé. C'était un beau rêve! En quittant ceux qui l'ont fait,
regardez le dernier, ce général au visage si triste; il a l'expression
navrée d'un laboureur qui verrait dans son champ les épis semés
par lui se changer en orties : c'est Cavaignac.

IV.

Rentrons chez nous. Car c'est notre chez nous, l'époque qui nous
reste à traverser, depuis 1850 jusqu'à ce jour. Belle ou laide, c'est
nous qui l'avons faite ce qu'elle est. Si l'histoire et l'art s'éva-
luaient au mètre carré, je ne serais encore qu'à la moitié de ma
tâche; les vivans en usent sans façon avec les morts; ils ont envahi
ces deux dernières salles et le salon supplémentaire qui donne sur
le vestibule d'en bas. A la rigueur, on pourrait diviser ces contemporains en deux groupes; une des salles s'efforce de représenter
plus particulièrement le second Empire, une autre les années
récentes, depuis la grande blessure. Cette division serait artifi-
cielle; aucune différence caractérisée ne la justifie, ni dans la façon
de peindre le portrait, ni dans la physionomie de la société qui se
fait peindre; ces deux époques se pénètrent et se confondent, les
mêmes acteurs sont en scène; si lointaine que paraisse à certains

égards la première, nous l'avons trop vécue pour la voir avec des yeux étrangers. C'est pour nous le monde des vivans, au moins par le souvenir, car le mot n'a pas d'autre exactitude; il y aurait bien des croix à ajouter après les noms des artistes et des personnages de ce temps qui figurent là, pêle-mêle avec les portraits dont nous coudoyons les originaux.

Parmi les morts, Flandrin tient la première place : bien que nous ayons vu peindre la plupart des toiles qui portent sa signature, lui seul apparaît à ma génération avec je ne sais quel recul dans le vieux temps. Ses portraits sont déjà pâlis comme des figures d'ancêtres, ses femmes surtout, qui ont, comme celles de Chassériau, l'air de sortir d'un monastère et d'appartenir à un autre âge. On regrettera de ne pas trouver ici le beau portrait de Napoléon III dont chacun a gardé le souvenir, et qui eut l'heur de plaire à tout le monde, excepté, dit-on, au modèle. Le tribunal de commerce ne s'est pas dessaisi de ce tableau, et je le comprends : le portrait opulent qui en tient lieu au centre de la salle et semble au premier coup d'œil présider le second empire est celui d'un président du tribunal de commerce, M. Devinck. Flandrin est représenté par les portraits du prince Napoléon, du comte Walewski et du comte Duchâtel, un peu éteints, avec des allures d'ombres au milieu de l'éclat des peintures nouvelles. Combien d'autres morts réclament notre justice et nos regrets, Millet, Léon Cogniet, Courbet, avec un savant portrait de Berlioz, Regnault, qu'on ne s'accoutume pas à ne plus voir en tête de notre jeune école, Ricard, l'artiste si consciencieux, si varié, tout à fait supérieur ici avec le portrait de Mlle de Kolowrat!

Je m'arrête. Si je n'ai pas abusé jusqu'à présent des critiques de détail, je me suis promis d'y renoncer entièrement à cette heure. J'aurais fort à faire s'il me fallait rechercher encore devant chaque toile qui nous donne le plus de plaisir ou suggère le plus de réserves, M. Meissonier, avec sa précision spirituelle, M. Carolus Duran, avec son faste millionnaire, M. Bonnat, avec sa science solide, M. Cot avec sa grâce, M. Cabanel avec sa distinction, MM. Hébert, Delaunay, Lévy, Dubois, Baudry, que je nomme le dernier, parce que je ne me sens pas impartial pour ce grand travailleur qui regarde en haut. Nos autres maîtres et les jeunes rivaux qui les suivent me pardonneront si je ne continue pas cette nomenclature; elle n'a pas la prétention d'être complète. Surtout, je ne veux pas établir des comparaisons hasardées entre les peintres que nous avons admirés, en suivant la pente du siècle, et ceux qui nous attendent à son déclin. Je ne crois pas qu'on puisse comparer aux œuvres anciennes des tableaux achevés d'hier; ceux qui l'essaient de bonne foi me paraissent dupes d'une illusion. Non-seulement le temps met sur les toiles cette harmonie indéfinissable que les peintres nomment la patine, mais il leur donne, comme à toutes choses, une patine idéale, une prévention de respect et de poésie qui s'impose à notre imagination, influence notre esprit à son insu, nous rend injustes pour le travail tout neuf.

En outre, je ne veux pas oublier que les artistes représentés ici y sont venus, non pour se faire juger, mais pour faire le bien; il serait peu courtois d'exercer notre critique à leurs dépens. De même pour les modèles; eux aussi sont venus à une réunion de charité; ce serait la comprendre singulièrement que leur demander des comptes sur leur vie publique ou privée. Enfin nos contemporains n'ont pas besoin qu'on fasse du bruit autour d'eux, qu'on les raconte et qu'on les loue; ils s'en chargent eux-mêmes; ils me pardonneront d'avoir été de préférence l'avocat des morts. Il arrive souvent, dans ces dernières salles, qu'on rencontre l'original au-dessous de son portrait, comme un homme au soleil devant son ombre: quelquefois l'un et l'autre ont peine à se reconnaître; l'un était jeune et l'autre est vieux, le portrait était ministre et l'original ne l'est plus; si c'est une femme, la mode a eu sept ou huit révolutions depuis le temps où elle portait cette robe et cette coiffure. L'autre matin, je vis entrer un médecin illustre, courbé sous le poids de ses quatre-vingts ans, qui venait se chercher là, lui aussi; il erra longtemps parmi ses contemporains, sur lesquels il doit avoir encore moins d'illusions que nous tous; pour dire d'eux quelque chose de neuf et de piquant, c'est à lui qu'il eût fallu passer la plume.

Essayons plutôt de dégager la physionomie générale de cette réunion, comme nous l'avons fait pour les précédentes. Nous serons plus embarrassés ici. Aux autres haltes du siècle, c'était tantôt un homme, tantôt une idée maîtresse qui emplissait la salle et tenait attentifs tous les personnages assemblés. Chez nous, je ne trouve ni l'homme, ni l'idée. Notre société est éparse. S'il n'y avait pas irrévérence à lui appliquer la définition que Pascal imaginait pour Dieu, on pourrait dire d'elle qu'elle est le cercle dont le centre est partout et la circonférence nulle part. Dans ces salons, plusieurs hommes considérables sollicitent notre curiosité, aucun ne rallie tous ses entours sous sa domination. Qui domine ici? Ce n'est pas ce grand journaliste, penché sur sa plume, dans un portrait vraiment magistral. Héritier de Bertin, mais comme le chemin de fer a hérité de la diligence, il personnifiait de son vivant la plus grande force de l'époque, il a renversé plus d'un ministère, il n'est jamais parvenu à être ministre.

Est-ce, dans un autre portrait de premier ordre, ce poète blanchi que nous vîmes enfant sur le sopha de Devéria et qui règne sans discussion sur la république des lettres? La foule passe devant lui, respectueuse, mais pressée, comme les paquebots modernes devant Pathmos, où le commerce ne fait pas escale. Seraient-ce ces généraux, dont l'un nous reçoit au haut du grand escalier? Ils ne commandent et ne veulent commander qu'à leurs soldats. Ces princes? on ne les tolère qu'à la condition qu'ils se fassent particuliers. J'allais oublier le premier magistrat du pays, dans ce grand portrait riche, austère, un peu terne. Toutes ces personnes éminentes sont des centres partiels, aucune n'est le centre; nulle tête ne surgit au-dessus des autres, sans doute parce que tous ces bons citoyens se rappellent la parole du jardinier de Shakspeare, dans *Richard II :* « Ces tiges s'élèvent à une hauteur déplacée dans une république. Nul, dans notre gouvernement, ne doit dépasser le niveau. »

Contradiction bizarre! Personne ne soutiendra, je pense, que le trait distinctif de notre époque soit l'originalité. C'est plutôt l'uniformité qui est sa loi; les dehors en témoignent, le vêtement est de plus en plus effacé, sombre, pareil pour ces hommes de tout état, qui semblent n'avoir qu'un seul tailleur; quant aux esprits du plus grand nombre, Panurge pourrait venir les présider:

> Cherchez qui vous mène,
> Mes chères brebis.

Et cependant toutes ces physionomies trahissent des préoccupations distinctes, personnelles; on sent que nul souci commun ne les relie ni ne les groupe; chacun fraie sa voie séparément et joue des coudes dans cette foule, en se hâtant vers un but particulier. Quel est donc le mot de cette Babel, si ce n'est pas l'originalité? C'est un mot neuf et barbare : l'individualisme. Ah ! le vieux Royer-Collard peut sortir du cadre où Géricault l'a enfermé, là-bas, et pousser une reconnaissance chez ses petits-neveux; il s'enorgueillira d'avoir été si bon prophète : la démocratie coule à pleins bords, elle a tout submergé. On peut se réjouir ou s'affliger de ce fait inévitable, il est puéril de le maudire; seuls les enfans pleurent et s'irritent contre les faits. Il n'y a qu'à enregistrer et à accepter cette dernière transformation du siècle. Mais que veut cette démocratie? Je consulte les arts, ce sont eux seuls qui doivent me renseigner ici; la peinture que j'étudie reproduit la vie réelle, elle prend les hommes très près de terre, elle ne s'échappe pas vers l'idéal; elle est riche, habile, elle entoure ses modèles d'accessoires confortables, c'est une peinture de grand luxe; elle est aux ordres de l'opulence, encore plus que de la célébrité, car il y a beaucoup d'inconnus dans ces salles; comme les autres privilèges, elle se donne aux grosses fortunes, gagnées par le travail, je veux l'espérer du moins. Ainsi le but vers lequel gravitent les préoccupations de cette foule, ce serait l'argent, et c'est un immense coupon de rente qu'il eût fallu peindre au fond de ce dernier salon ! C'est là que viendraient converger toutes les espérances du siècle, de ces hommes aux visages fatigués, usés par une vie trop intense, trop rapide.

A ce propos, et si l'on continuait d'écouter l'esprit de pessimisme, on pourrait peut-être trouver l'homme que nous cherchions en vain, l'homme à qui va la foule. A l'angle de la salle, tout au bout de ces galeries et terminant le cortège historique des cent ans, j'aperçois le portrait d'un praticien célèbre, M. le docteur Blanche. Il dirige une maison qui doit être fort grande, — je ne le sais pas encore par expérience, — et qu'il faudra sans cesse agrandir. Il n'est pas de semaine où nous ne lisions un matin dans le journal que la politique, la Bourse, les lettres et les arts lui ont envoyé quelque nouvelle épave. Est-ce donc à lui que va aboutir ce pauvre siècle énervé, surmené, saturé d'émotions, de déceptions, de morphine et de bromure? Ne reste-t-il que des idées mortes dans des corps débilités ? Notre promenade doit-elle finir chez le docteur Blanche?

Non, mon siècle, je ne veux pas être un fils ingrat. Si tu me montres ici bien des aspects peu consolans, je n'oublie pas que tu en as d'autres, qu'en cherchant l'argent tu as remporté sur la matière les plus superbes victoires que l'histoire ait enregistrées; je n'oublie pas que beaucoup de tes travaux seront le perpétuel orgueil de la raison humaine; surtout, ce n'est pas ici que je peux oublier combien tu es secourable aux malheureux, penché sur les petits, bon lutteur contre la souffrance commune. Et si, malgré tout cela, les plus chagrins continuaient à désespérer de leur temps, il faudrait leur dire avec Bossuet : « Une petite goutte de joie nous est restée pour nous rendre la vie supportable. » Cette petite goutte de joie, ce sont les portraits d'enfans qui sourient sur ces murailles. Le dernier cadre que mon regard abandonne, en sortant du salon d'en bas où se termine notre visite, emprisonne un bel enfant. A ceux-là nous devons léguer autre chose que des récriminations stériles, des découragemens et des deuils. Il faut que leur France soit meilleure que la nôtre, qu'ils lui refassent le cœur, comme les membres blessés. Leurs mères s'effraient de les voir grandir dans ces salles où rien ne leur parle du ciel, parce qu'elles savent que pour eux, comme pour nous, comme pour nos pères, le premier besoin sera toujours celui de là-haut. J'ai plus de confiance que les mères. Le bûcheron ivre, qui promène l'hiver sa cognée dans le bois, peut abattre quelques branches, il n'empêchera pas l'éternelle floraison d'avril. Chaque génération apporte son espoir divin, comme chaque printemps ramène ses fleurs. L'un sort naturellement de l'âme qui s'entr'ouvre, comme les autres du bourgeon qui s'épanouit. Il faut seulement souhaiter à ces petits de trouver, en achevant le siècle, l'apaisement du grand combat qui l'a déchiré, de la lutte entre la raison nourrie de science et le cœur altéré de foi.

Il est permis de rêver avec les enfans. Ce siècle, en se levant sur des âmes toutes ruinées, leur apporta un livre qui les illumina : le *Génie du christianisme*. Livre superficiel, vieilli pour nous ; il n'a concilié que des différends littéraires ; mais il était l'aliment demandé à cette heure-là par une génération sensible et poétique. L'âme de nos fils en demandera un autre ; l'un d'eux fêtera le centenaire en écrivant le *Génie du christianisme* scientifique ; il soulèvera tous ses frères jusqu'à ce point de vision supérieur, que nous devinons sans le découvrir, où deux vérités n'en font qu'une !

Vieux portraits, votre fréquentation ne m'a pas rendu sage, puisque je me prends encore à songer, à laisser voler des espérances vers l'avenir. J'aurais dû pourtant apprendre ce qu'elles valent ; grâce à vous, je viens de vivre tout un siècle, et j'imagine qu'il ne m'eût pas paru plus long si je l'avais vécu en réalité. J'ai vu les espérances acheminées au matin avec ce siècle le quitter une à une et pleurer derrière lui ; j'ai vu tous ces forts, ces illustres, partir pleins d'ardeur, de courage et de bonne chance, lutter, fléchir et tomber sans avoir accompli leur volonté. Ah ! si l'expérience servait à quelque chose, ceux de nos contemporains qui figurent ici pourraient profiter de précieuses leçons ; car je suppose que tous ces fantômes vont se visiter la nuit, d'une salle à l'autre, quand le palais est vide et le silence de Paris profond. Louis XVI se penche vers Saint-Just et lui donne rendez-vous sur la place de la Révolution, à dix-huit mois de distance. Le Napoléon de Charlet, pensif sur son cheval blanc, sous la redingote grise et le petit chapeau, revient passer la revue de ses maréchaux, comme dans la ballade fameuse. L'orateur populaire que j'aperçois dans notre salle va écouter Mirabeau, parlant sur la Constitution civile du clergé, et s'étonne de lui entendre dire : « Dieu est aussi nécessaire aux hommes que la liberté. » Chateaubriand, peint par Guérin, se rapproche et lit le *Dernier des Abencerrages* à M. Zola, peint par Manet. Rois, empereurs, présidens se rassemblent pour s'affirmer mutuel-

lement que le régime dirigé par chacun d'eux est indestructible.
Peut-être on donne la comédie à ce parterre de rois, et la troupe
vaudrait la peine d'être entendue; elle réunit Alexandre Duval,
Potier, M. Coquelin, Mlle George, Mlle Mars, Rachel, Mme Pasca,
Mme Sarah Bernhardt. Chefs d'état, écrivains, peintres et acteurs,
que d'enseignemens pour vous tous dans ce commerce! Les anciens
auront dû beaucoup rabattre de leur orgueil en écoutant leurs neveux : combien se seront étonnés du peu de crédit qu'ils gardent
auprès de nous! En revanche, les neveux auront pu méditer sur
eux-mêmes, durant ces entretiens; la conversation de Chateaubriand
ne sera pas inutile à M. Zola, ni celle de Mirabeau à M. Clémen-
ceau; une heure de nuit passée avec Napoléon, Richelieu et
Guizot ne saurait nuire à nos gouvernans. Mais si nous parlons
beaucoup du respect dû à l'expérience, c'est pour la traiter en souverain constitutionnel, qu'on salue humblement et à qui on n'o-
béit pas.

Vieux et jeunes portraits, il est temps de vous quitter. Je ne sais
si nous vous reverrons. Il y a, dans un poème de Jeffrey Chaucer,
une image frappante; le poète anglais décrit le temple de Mémoire:
« Tout le mur méridional du temple était couvert par les noms
gravés d'hommes fameux, mais le soleil les fondait sans cesse... »
Combien de nos hommes fameux seront fondus par le soleil de
demain! En attendant, ces vivans vont retourner à leur tâche et ces
morts à leur repos. Ceux-ci, tout comme ceux-là, sont revenus
chercher dans Paris un peu du bruit, de la popularité et de la
lumière qu'ils aimaient tant. Ils ont bien payé ces derniers plaisirs. Ce fut une idée ingénieuse et touchante d'appeler les morts
à une bonne action posthume, de faire secourir la postérité malheu-
reuse par des aïeux qui semblaient ne pouvoir plus rien pour elle.
Décidément, il n'est jamais trop tard pour racheter ses fautes. Qui
aurait cru que Robespierre revînt un jour gagner des indul-
gences?

Et ces bonnes grand'mères, un dernier jeu de l'imagination nous
les montre, descendues de leurs cadres, arrêtées à leur tour devant
le tableau de M. Mouchot, considérant avec pitié le triste asile de
nuit. Dans ces salles où tant de splendeurs, de puissances et de
grâces ont reçu l'hospitalité quelques semaines, elles reçoivent pour
une nuit les plus déshéritées de leurs petites-filles. Je n'essaierai
pas de vous émouvoir avec le tableau de la douloureuse veillée; un
de nos maîtres, des mieux aimés, l'a refait naguère, et il sait
peindre. Une des aïeules, qui n'a pas eu le plaisir d'entendre
M. Cherbuliez, demande à l'un des portraits d'aujourd'hui ce que
nous avons inventé pour soulager cette infortune; curieuse, elle

s'étonne sans doute à l'aspect du salon moderne et s'enquiert de notre condition. Notre contemporain répond que nous sommes une démocratie. La grand'mère, qui ne se piquait pas de grec, ne comprend pas très-bien ; son interlocuteur lui explique que la démocratie est une société organisée pour l'abnégation, le sacrifice, la protection des plus faibles, l'assistance aux malheureux. — « Que ne le disiez-vous tout de suite ? fait la grand-mère. J'appelais tout cela d'un autre nom, qui vient peut-être du grec, mais en passant par l'évangile ; je l'appelais la charité. Les mots importent peu : nous sommes d'accord, secourons ces pauvres femmes. »

Quand tout le monde comprendra que les deux mots doivent avoir le même sens, grand'mères et petits-fils seront bien près de s'entendre.

FIN.

Paris. — Imp. A. Quantin, 7, rue Saint-Benoît.